ENTREVISTAS A
5grandes

ENTREVISTAS A

5grandes

José Lorenzo Fuentes

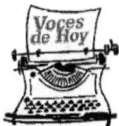

Entrevistas a 5 grandes

© José Lorenzo Fuentes, 2014

Edición, diseño interior y composición:
Josefina Ezpeleta
editorialvocesdehoy@yahoo.com

Dirección artística de:
Gloria Lorenzo
glorenzoart@yahoo.com

ISBN:

IMAGINART | EDITORIAL VOCES DE HOY
www.vocesdehoy.net
Miami, Florida, EE.UU.

.

Prólogo
AROMA Y MEMORIA

La libertad del escritor que entrevista en cuanto a la elección del tema puede compararse solo con la del artista, y al igual que este, se guía por la inspiración, que los románticos llamaron, también, entusiasmo. Un libro de entrevistas es un riesgo para un novelista, acostumbrado a jugar con la ficción, la metáfora, el giro aforístico, la autenticidad. En este género, más que en ningún otro texto literario el estilo es el hombre, y será más meritoria la labor, cuanto con más exactitud represente al hombre de carne y hueso que palpita en sus páginas.

El efecto y el mérito de una entrevista son más completos, cuanto más cercanas a nosotros son las imágenes que se emplean en la aproximación de ese diálogo. Es la transformación en una estructura lo que debe producirse para que la palabra pueda ser garante de la cosa. En el equilibrio en que todo hablar se mueve, busca y encuentra la conversación artística el grado máximo de presencia; eso ocurre entre los escritores y pintores que dialogan en estas páginas con José Lorenzo Fuentes, porque el lenguaje logra la total proximidad.

Aunque las breves líneas de estas entrevistas no estuvieran acompañadas de otras, tampoco estarían solas, porque juntas las voces forman una constelación de sentido que tiene, casi, algo así como un único tema. Se trata de una constelación de espíritus artísticos, gravitando unos con otros, como si surgieran unos de otros. En realidad gravitan unos con otros

*y constituyen el campo de la experiencia, con que José Lo-
renzo Fuentes parece decirnos que no se puede vivir sin aque-
lla decisiva familiaridad entre uno mismo con sus contem-
poráneos, que es como decir, no se puede vivir sin confianza,
sin los seres conocidos de nuestro alrededor.*

*Wifredo Lam, Gabriel García Márquez, Julio Cortázar, Cun-
do Bermúdez y Alfonso Grosso, ¿qué tienen en común para la
pregunta certera del narrador que emprende el riesgo de
juntarlos? Tal vez que especialmente el arte sea capaz de
mostrarnos realmente lo que permanece y lo que nos invo-
lucra con esa permanencia, y que la relación de todos con
esa actualidad esté marcada por encontrarnos todos, bajo el
potente eco de nuestro origen histórico.*

*«Tanto el periodismo como la literatura —cuando hablo de
literatura hablo de novela, por supuesto— se alimentan de las
mismas fuentes. Los métodos de elaboración no son los mismos
pero debían ser los mismos. Su destino es el mismo: transmitir, contar, convencer», le dice Gabriel García Márquez
a Lorenzo, cuando trata el tema de la convergencia de los
oficios, experiencia que ambos comparten, como la amistad,
que también comparte el autor de* Después de la gaviota *con
el Premio Nobel, que le confiesa al primero: «después que los
ojos del lector se acostumbran a la oscuridad empieza a verse con mucha claridad».*

*«Una especie de gran terror agazapado determinó durante
mucho tiempo la doble equivocación de nuestras novelas»,
son las palabras con que despega el diálogo de Cortázar,
y «habría que mirar largamente el ritmo vital, la morfología
de una planta o de un animal, como una lección de novela
o de cuento. Habría que mirarse largamente las manos antes*

*de apoyarlas en el teclado de la máquina de escribir»,
aquellas con las que termina, para advertir la responsabilidad
del creador de cuerpos vivos y cuerpos literarios.*

*El tema de la novela en Latinoamérica, la manipulación de la
realidad por el escritor, la defensa del «realismo en libertad», es la tesis de Alfonso Grosso. Estos son los escritores de
este diálogo.*

*Mientras, los pintores Wifredo Lam y Cundo Bermúdez se
mueven en el lenguaje de la memoria, de la fundación de todo
texto; los mosaicos que recogía desde niño Cundo, los libros
que leyó, entregado al ejercicio de recordar que tanto lo
fascina, y que no ha hecho otra cosa que pintar, son las in-
timidades que este hombre de más de noventa años, le cuenta
en su última entrevista a su amigo. Lam, a quien Lorenzo nunca
entrevistó, le narra su salida de Cuba, sus bolsillos vacíos en
París, su buhardilla y su amor a primera vista con Picasso;
le habla del misterio, de su madrina santera y de* La Jungla.

*Cada amigo con su tema, todos hilados por la filigrana del
alma, es esta reunión que confirma que con los ojos del arte
de todos los tiempos vemos siempre a aquellos que ya cono-
cemos. En estos diálogos el lenguaje vive realmente como tal,
y en él transcurre toda la historia, el texto que designa en un
sentido propio un tejido, un todo inseparable compuesto de
hebras sueltas, cuya propiedad es el carácter irrepetible de la
pregunta que se formula, desde una voz también irrepetible,
y la respuesta que se da hacia el entendimiento mutuo. El
proceso de este diálogo de grandes es un acontecer, que parece no haber quedado registrado más que en la memoria,
y apenas desde ella es esta donación. Sabemos que nada es*

tan difícil como escribir diálogos, lo que se debe, según la filosofía, a la naturaleza del movimiento del espíritu, pues solo eso garantiza que pensemos en palabras y réplicas; por eso pudo Platón designar justamente al pensamiento como el diálogo del alma consigo misma. Dice Hans-Georg Gadamer que el diálogo vive del favor del instante, y estos instantes que Lorenzo transcribe para nosotros, quiebran el silencio en que se mantiene el oído, y se expone a que caiga, como una respuesta, otra palabra.

Tal vez estas letras deban advertir, además, que los grandes son seis, en los que yace el ahí, el lugar del cual el que se ha ido tanto como el que está aún, está total y definitivamente separado como por la primera hoja de la primavera, la hoja entre nosotros; está en el ahí repartido, en esa afinidad íntima que une el perfume y el rastro; el aroma y la memoria.

ELENA TAMARGO
Miami, primavera de 2009

GABRIEL GARCÍA MÁRQUEZ

5grandes

Un concepto obrero
de la inspiración

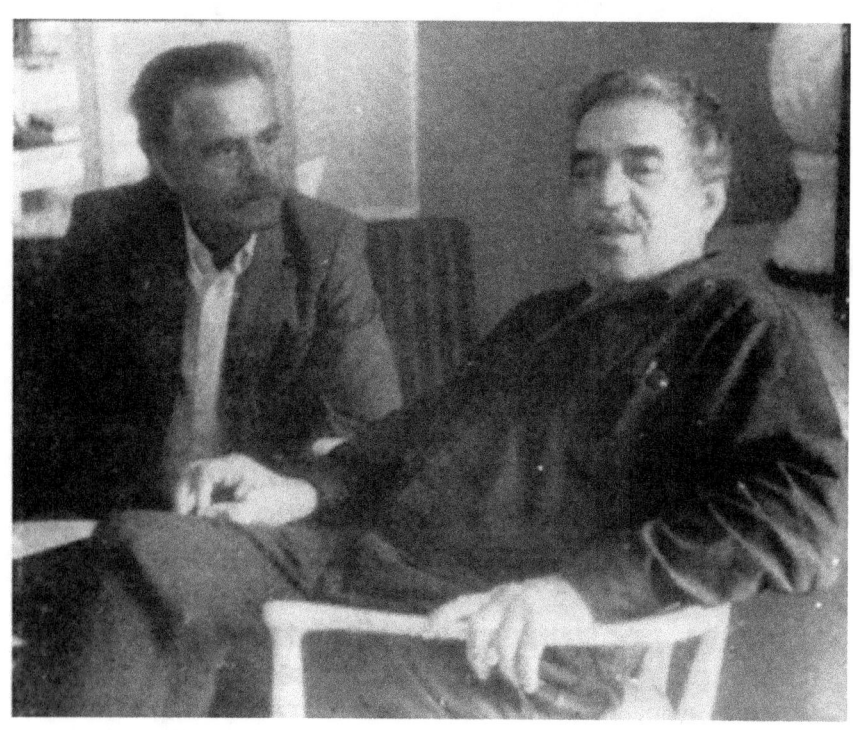

Gabriel García Márquez y José Lorenzo Fuentes en el hotel Riviera, de La Habana, 1982.

Gabriel García Márquez se mueve, inquieto, en el butacón; los repetidos clics de la cámara fotográfica, accionada por Lida, lo ponen nervioso. «Me voy a gastar», dice. Pienso enseguida que lo ha dicho porque acaba de acordarse del gallo de su novela *El coronel no tiene quien le escriba*, que podía gastarse de tanto que lo miraba el coronel.

Me responde que sí, que acaba de acordarse del gallo, y reímos. Así comienza la entrevista en su habitación del hotel Riviera, en La Habana, en 1982, un par de meses antes de que obtuviera el Premio Nobel de Literatura.

JLF: Siempre que a usted le preguntan por el libro que lo ha dejado más satisfecho menciona *El coronel no tiene quien le escriba*. ¿Ahora, después de publicada *Crónica de una muerte anunciada* sigue pensando igual?

GGM: Lo que pasa es que uno siempre tiene una debilidad por el último libro como por el último hijo, en realidad yo he pensado siempre que *El coronel no tiene quien le escriba* es mi mejor libro. Primero, porque es un libro donde llegué exactamente hasta donde yo quería, es decir, un libro que se corresponde exactamente con mis deseos, y tú sabes que eso para un escritor es muy importante. Después de *Cien años de soledad* también hay un poco de reacción, un poco de celos por el libro que yo siempre quería y que ha sido derrotado por esa avalancha de lectores de *Cien años de soledad*; que, en fin, es otro fenómeno que habría que estudiar alguna vez, pero yo creo que la facilidad de lectura y el atractivo de los temas que se cuentan en *Cien años de soledad* también influyen mucho en la calificación del libro. Creo, de todas maneras, que *El coronel no tiene quien le escriba* sigue siendo un trabajo literario más riguroso, que es algo que a los escritores nos interesa mucho. Ahora bien, después de *Crónica de una muerte anunciada* yo he dicho, en algunas entrevistas, que es mi mejor libro. No hay que olvidar que es escrito por lo menos veinte años después que *El coronel no tiene quien le escriba*. Algo se aprende escribiendo, a escribir se aprende escribiendo. A mí me parece que la *Crónica de una muerte anunciada* resume en cierto modo todos los elementos de los libros anteriores.

JLF: ¿Este último libro responde más a la realidad que a la fantasía?

GGM: Los porcentajes son muy difíciles de establecer. De todas maneras en todos mis libros el fundamento básico es la realidad. A veces se ha dicho que son bromas mías, ganas de decir cosas, pero no hay una sola línea de ninguno de mis libros que no tenga su origen en la realidad. Lo que sucede con la *Crónica de una muerte anunciada* es que no reúne elementos tomados de distintos lugares o de distintos episodios, sino que es un episodio completo tomado de la realidad. Es decir, ocurrió algo exactamente igual que lo que se cuenta en la novela. Lo único que he agregado es el aspecto literario. Yo siempre he trabajado alternadamente en literatura y en periodismo. Siempre me he preocupado por las diferencias que hay entre periodismo y literatura, que existen, que son muy claras, aunque yo creo que son injustas porque no debían existir esas diferencias. Tanto el periodismo como la literatura —cuando hablo de literatura hablo de novela, por supuesto— se alimentan de las mismas fuentes, los métodos de elaboración no son los mismos, pero debían ser los mismos. Su destino es el mismo: transmitir, contar, convencer. Como siempre he trabajado al mismo tiempo en literatura y en periodismo, siempre he soñado con la convergencia de los oficios, porque ni siquiera hablo de los dos géneros. Y creo que esa convergencia se logra en la *Crónica de una muerte anunciada*. Yo diría que como periodismo es un reportaje literaturizado, o sea, un reportaje literario. No es que tenga un gran porcentaje de la realidad, es que es la realidad misma con su tratamiento literario.

JLF: Hay dos versiones sobre su novela *El otoño del patriarca*. Una, que fue escrita de un tirón; la otra, que ha sido la de más difícil elaboración. ¿Cuál es la verdadera?

GGM: El único libro mío escrito de un tirón es *Cien años de soledad*, de un tirón que duró dieciocho meses, es decir, si hubiera existido físicamente la posibilidad de que yo durara dieciocho meses sentado a la máquina, el libro habría sido escrito de un tirón. No hubo ninguna rectificación, ninguna duda, ninguna vacilación, todo el libro estaba completamente resuelto cuando me senté a escribirlo. *El otoño del patriarca* es exactamente todo lo contrario, y es una cosa que no quisiera que me volviera a suceder jamás: que fue un libro escrito letra por letra. Solamente se ha inventado una manera de escribir, que es poniendo una letra detrás de la otra. Ahora, encontrar la letra siguiente en *El otoño del patriarca* fue siempre muy duro. Yo sabía que sería así, era un libro que yo tenía muchos deseos de escribir, un libro que yo considero que es completamente experimental. Así como en la *Crónica de una muerte anunciada* creo que hay esa experimentación entre literatura y periodismo, en *El otoño del patriarca* evidentemente lo que hay es una experiencia poética, un deseo de demostrarme a mí mismo hasta qué punto la novela es también poesía. Yo tenía en la cabeza y en notas todo el material de lo que quería contar, pero el tono, el sistema de narración que yo decidí que era el bueno para *El otoño del patriarca* me obligó a un trabajo realmente muy duro. En los días que iba bien, escribía cuatro o cinco líneas, que seguramente las rompía al día siguiente. Había que mantener un tono, un ritmo. Además, no había encontrado una solución lineal, que tampoco le convenía. Escrito con una estructura lineal hubiera sido un libro infinito y mucho más aburrido de lo que es. Entonces yo pensé que la estructura conveniente era en espiral, en espiral hacia abajo, no hacia arriba, es decir tratando de penetrar cada vez más en la realidad. Resultó un libro experimental, con el cual los críticos han confundido mucho a los lectores, porque los críticos siempre les ponen pegotes encima a los libros de uno y lo que hacen es interferir con el lector. Muchos lectores leyeron primero las críticas que el libro, y tuvieron muchas dificultades al principio para entrar en él, pero después que se pasa el susto es un libro muy fácil de leer. Después que los ojos del lector se acostumbran a la oscuridad empieza a verse con mucha claridad. Como ves, yo tengo un sistema de defensa para todos mis libros, porque son mis hijos, y estoy dispuesto a batirme por ellos.

JLF: ¿Cree, como Hemingway, que la inspiración debe sorprenderlo trabajando?

GGM: La inspiración solo viene, creo yo, trabajando. Hay un concepto romántico de que la inspiración es una especie de soplo divino, que lo pone a uno en condiciones de trabajar mejor que cuando no existe ese soplo. Yo tengo un concepto bastante más obrero de la inspiración. Creo que efectivamente existe un estado de gracia, un estado —y tú lo sabes, y todos los escritores lo saben— en que las cosas empiezan a salir como si realmente hubiera un soplo mágico, como si alguien se las estuviera dictando a uno, pero eso no le sucede a uno en la calle, ni en la cama: le sucede cuando uno está trabajando. Hay un momento en que algo hace clic, un momento en que la compenetración entre uno y el tema es tal, que uno realmente domina el tema más que el tema dominarlo a uno. En ese momento empiezan a ocurrir las cosas con tanta fluidez que inclusive cambia el estado de ánimo. Uno se siente realmente flotando, se siente como si estuviera en un estado sobrenatural, y eso es lo que es la inspiración, es, sencillamente, una verdadera compenetración con el trabajo. En eso yo creo que Hemingway tenía toda la razón. Hay que recordar lo que se le atribuía a Proust de que un libro es un uno por ciento de inspiración y un noventa y nueve por ciento de transpiración.

JLF: En toda la mitología alrededor de García Márquez floreció una versión de que después de terminar *Cien años de soledad* le iba a ser imposible escribir otro libro. Usted ha derrotado esa versión con la publicación de otras novelas. ¿Continuará destruyendo el mito?

GGM: La idea que tengo ahora, y en la cual empiezo a trabajar, es precisamente la respuesta a esa pregunta, voy a escribir un libro en el cual cuente cómo escribí mis libros. Es decir, a revelar con toda sinceridad cuál es la realidad que hay detrás de la ficción, cuál es el origen de cada uno de los episodios, de cada uno de los personajes. Me he dado cuenta que a la gente le interesan esos aspectos literarios mucho más de lo que uno se imagina al principio. Uno puede pensar que estos aspectos interesan solo a los profesionales, a los profesores, a los escritores, a los lectores especializados, y resulta que no. Yo encuentro que cada vez que en cualquier medio, a cualquier nivel, me pongo a contar qué hay detrás de los libros, de dónde vienen, cuáles son sus vínculos con la vida real, a la gente le interesa. Entonces, me he puesto durante mucho tiempo a tomar notas sobre esto, y me doy cuenta de que hay una novela dentro de la novela, y es esa novela dentro de la novela la que yo quiero escribir. Le he dado muchas vueltas, porque sé que es muy largo, muy complicado, representa un estudio verdaderamente serio de mis propios libros, y un trabajo muy concienzudo sobre mi propia vida. El trabajo es casi de investigación científica, por decirlo de alguna manera; pero el resultado tiene que ser literario. Eso no será de ninguna manera ni un ensayo ni un análisis crítico, sino que tiene que ser la novela de la novela. Si lo consigo, yo creo que será muy divertido escribirlo. Y espero que sea muy divertido leerlo.

JLF: Faulkner escribía siempre sobre papel azul, Goethe lo hacía sentado en un caballito de madera, Dostoievsky caminando por la habitación. ¿Cómo escribe García Márquez?

GGM: Sí, y Hemingway escribía de pie. Siempre se van creando manías. Yo creo que todas esas cosas son pretextos para no escribir; es decir, uno se pone toda clase de dificultades para no sentarse a escribir. A mí, por lo menos, me da mucho terror sentarme a la máquina de escribir; le estoy dando vueltas alrededor, viéndola ahí, y hablo por teléfono, prefiero leer primero el periódico. Voy ganando tiempo para no sentarme a la máquina de escribir pero, al fin, uno se sienta. Entre la máquina de escribir y uno, uno mismo va creando una cantidad de obstáculos que pueden volverse infinitos. Durante mucho tiempo tenía que escribir en un cuarto que ya yo tuviera lo que llamo «caliente», quiero decir, un cuarto donde me sienta muy familiarizado, siempre a la misma temperatura, porque yo aprendí a escribir en el trópico, en el Caribe, a treinta grados de temperatura, y me cuesta mucho trabajo escribir a otra temperatura… Tiene que ser en papel blanco, de 36 gramos, tamaño carta… Tiene que ser una máquina de escribir eléctrica, con cinta negra. Las correcciones tienen que ser con tinta, y con tinta negra. Toda una cantidad de pequeñas manías, que no hay ninguna duda de que son obstáculos que uno mismo se crea. Un día uno dice: «No puedo escribir porque se me acabó el papel de este. No puedo escribir porque la tinta que tengo es azul.» Se establece una especie de lucha constante, mientras esas manías se van creando. Yo las cultivo porque, en fin, son la vida de uno, pero al mismo tiempo lucho contra ellas, estoy luchando constantemente contra ellas. Hay una cosa que nos defiende de eso, y es el periodismo. El periodismo lo obliga a uno a llegar corriendo, sentarse a la máquina y escribir, porque a una hora determinada tiene que estar todo listo. El periodismo lo obliga a uno a escribir en los hoteles, en cualquier parte, a cualquier temperatura y como sea, porque la hora del cierre no se puede aplazar. La dificultad que he tenido es que entre un libro mío y otro hay una gran distancia. Entonces, cuando terminaba un libro, pasaba un tiempo y al empezar el otro me encontraba con el brazo completamente frío y lleno de toda clase de manías para demorar el libro lo más posible. Hay libros que podía haberlos empezado dos años antes, y se han ido dos años poniéndome pretextos. Inventé una cosa que hago, que es una columna semanal para *El Espectador*, de Bogotá; es un verdadero sufrimiento, porque la columna sale todos los viernes. Ha sido un esfuerzo que he hecho, que nadie me ha pedido, que no tenía necesidad ya de estar en eso, pero que me obligaba a escribir.

JLF: ¿Usted opina también que el periodismo es útil al escritor, a condición de dejarlo a tiempo?

GGM: Yo creo que es cierto, pero hablando de las condiciones de trabajo del periodismo. Hay una gran diferencia entre el periodismo como oficio y las condiciones de trabajo del periodista. Es decir, el trabajo del periodista desgasta, al escritor le quita lo mejor para dárselo al periódico, que es una vida efímera... Los sueldos no son buenos; en fin, las condiciones de trabajo son bastante malas, y uno termina por no sentirse conforme con el oficio. Pero el oficio del periodismo ayuda al escritor, no solo porque mantiene vivo su trabajo, porque lo mantiene en permanente contacto con las palabras, sino principalmente porque lo mantiene en permanente contacto con la realidad. El día que el escritor pierda el contacto con la realidad, ese día deja realmente de ser escritor. En el periodismo es imposible perder ese contacto, pero en cambio el trabajo literario lo va alejando a uno cada vez más de la realidad. Y la fama definitivamente lo desvincula, y si uno se descuida se queda en una nube, metido en una campana neumática y nunca más sabe dónde está parado. En ese caso, el periodismo es siempre una gran ayuda que lo obliga a uno a bajar de la torre de marfil y darse cuenta de la clase de mundo en que vive. Por eso, yo soy un gran defensor del periodismo. Probablemente, la fórmula tiene una solución, que es la que yo mismo me he dado; es decir, abandoné el periodismo mientras me fue perjudicial, mientras me quitaba mi mejor tiempo para escribir, mientras me distraía de mis temas literarios fundamentales; pero una vez que resolví mi vida con la literatura, volví al periodismo y hago lo que llamo el periodismo ideal: que es cuando me da la gana, con los temas que yo quiero y en la forma que yo quiero. Y si no lo publican, pues no me importa; pero, además, sí lo publican.

JLF: ¿Considera que ya hemos llegado al final?

GGM: Hay una gran falla en todas las entrevistas. Generalmente son buenas hasta un cierto punto, y después ya dejan de serlo. Tanto el entrevistado como el entrevistador se van entusiasmando, y llega un momento en que no acaban de conversar a tiempo, y la entrevista queda siempre demasiado larga. A mí me parece que le hemos dado una buena medida, es una entrevista compacta, donde realmente decimos cosas que tocan aspectos nuevos, porque es que pocas veces me entrevistan escritores. Siempre me entrevistan críticos o periodistas o profesores, y en cambio los escritores conversan mejor de literatura entre sí. De manera que yo creo que está muy bien.

del amigo,

Gabriel
86

JULIO CORTÁZAR

Las manos en la máquina de escribir

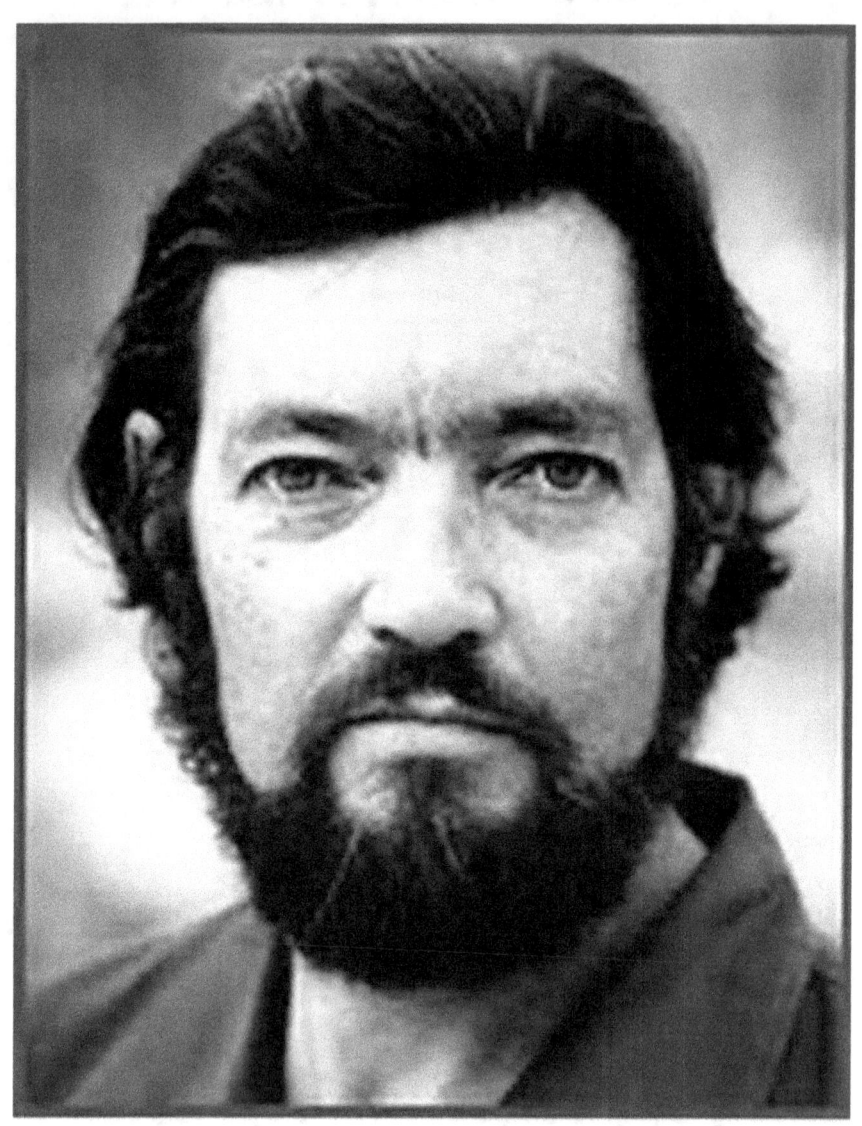

Julio Cortázar.

En 1967 —¡hace ya cuántos años, santo Dios!— conocí a Julio Cortázar, quien acababa de llegar a La Habana para participar como jurado en el concurso Casa de las Américas. Cuando terminó nuestra primera conversación, le entregué un breve cuestionario, garrapateado a todo correr, con destino a una entrevista que pensaba publicar en alguna revista del país. Si la memoria no me falla, al día siguiente Julio me llamó por teléfono para decirme que podíamos encontrarnos en un lugar que, después de tanto tiempo irreparable, me parece imaginario —¿acaso fue en el hotel Capri, o en la Bodeguita del Medio?—; y cuando estuvimos de nuevo frente a frente, me entregó su respuesta: tres cuartillas (ya amarillentas) calzadas con su firma indescifrable.

Por motivos que tampoco recuerdo bien, o que tal vez no valga la pena relatarlos, la entrevista permaneció inédita mucho más allá del tiempo concebible; pero al fin se publicó, por primera vez, en 1993, en la revista *Plural*, de México. Son obvias las razones por las cuales considero importante resucitarla para el público lector. En primer lugar, por la sorprendente vigencia del texto de Cortázar. Y en última instancia, para revivir el recuerdo de un escritor realmente excepcional.

JLF: ¿Cree usted que la literatura latinoamericana está atravesando un momento de crisis?

JC: Casi todas las palabras que componen esta pregunta son abstractas, y aunque se comprende el sentido a que apuntan, invitan en cierto modo a formular una respuesta igualmente abstracta, es decir, completamente inútil. Prefiero situarme en un terreno concreto y decir que en este último decenio, algunos escritores latinoamericanos —muy pocos, pero muy buenos— han quebrado por fin las barreras que más obstinadamente se oponían al auténtico ingreso en nuestra propia casa. De esas barreras, la peor era el miedo, que con infinitas máscaras inhibió y condicionó buena parte de la literatura de nuestros países. Miedo a quedarse corto, miedo a no reflejar la realidad americana, miedo a que se adivinara el miedo. Un miedo muchas veces inconsciente —pero ya Freud mostró que las fuerzas más terribles de la psiquis son las que ignoramos en la vigilia—; una especie de gran terror agazapado determinó durante mucho tiempo la doble equivocación de nuestras novelas: modestia del subdesarrollo cultural que acepta sus límites, o desmesura de matón de feria que dispara al aire todas las cargas. A lo largo del siglo XX, los grandes libros latinoamericanos fueron siempre excepciones casi milagrosas; hasta que en la quinta década se advirtió poco a poco una toma de posición, que podría describirse como un ingreso en la naturalidad, en la literatura, como un hecho ni vergonzante ni desaforado; en esa década entramos, creo, en la edad adulta de nuestras letras.

Este despertar a una condición normal, ni mejor ni peor que la de los escritores de cualquier otra literatura del mundo, no debe movernos a un optimismo exagerado; pues en nuestros países el problema no está en los autores sino en el público lector, todavía infinitamente por debajo de los niveles y cifras que vuelven viviente, activa y hermosa una literatura. Repito que un puñado de escritores acaba de ingresar a una etapa que creo fecunda; la respuesta positiva de los lectores ha sido inmediata en muchos países, como en la Argentina; donde hace quince años casi no se leía a los autores nacionales, y ahora cualquiera de estos ve agotarse las ediciones de sus libros. Pero considerar estos signos promisorios como una meta alcanzada sería una peligrosa ilusión: autores y lectores tienen todavía por delante una larga marcha hacia niveles más exigentes, hacia una dimensión creadora integrada en la realidad más profunda de nuestras tierras. Estoy seguro de que un día, que nosotros ya no veremos, esta etapa de nuestras letras parecerá ingenua e imperfecta; pero también estoy seguro que se reconocerá en ella ese primer movimiento, ese gesto indefinible en el que un padre descubre, un día cualquiera, que su hijo adolescente ha entrado en la hombría y echa a andar solo por la calle, con la llave de la casa en el bolsillo.

JLF: ¿Su lectura de las novelas cubanas enviadas al concurso Casa de las Américas, le permite tener una opinión favorable sobre el trabajo de los escritores cubanos de hoy?

JC: Ciertamente que sí. Puedo decirlo con algún conocimiento de causa, pues fui jurado de novelas en 1964, y este año la diferencia de nivel es sorprendente; hay más y mejores novelas, hay una ganancia en todos los terrenos: riqueza imaginativa, libertad de expresión, control de los medios. Lamento irme ya de Cuba, pues nada me hubiera agradado más que llegar a conocer los nombres de muchos de esos autores, para hablar con ellos de sus libros y de sus proyectos. Si algo puedo agregar, ello se vincula con mi respuesta a la pregunta anterior: en general se advierte en los novelistas cubanos una mayor seguridad en su obra, pero a la vez les falta severidad, sentido crítico, esa despiadada vigilancia que elimina las sobras para no dejar más que lo realmente significativo. Muchas novelas excelentes en su primera parte, se desmoronan luego por exceso de entusiasmo, por «seguir adelante» sin respetar esa misteriosa simetría que da forma a los cuerpos vivos y a los cuerpos literarios. Las manos con ocho dedos son feas e inútiles; nos parece muy «natural» tener cinco dedos, pero no siempre pensamos en el fabuloso juego de equilibrios, en el orden biológico que determina esa cifra en nuestra mano. Habría que mirar largamente el ritmo vital, la morfología de una planta o de un animal, como una lección de novela o de cuento. Habría que mirarse largamente las manos antes de apoyarlas en el teclado de la máquina de escribir.

CUNDO BERMÚDEZ

5grandes

El ejercicio de
la memoria

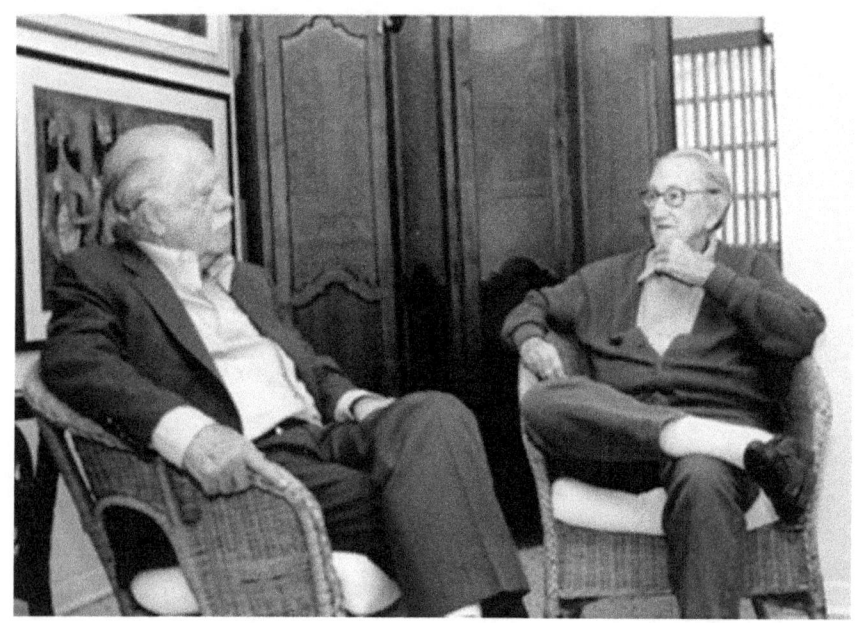

Cundo Bermúdez y José Lorenzo Fuentes, en Miami 2001.

Sin duda hemos cambiado mucho físicamente durante estos casi cuarenta años que hemos dejado de vernos, pero no lo suficiente para encontrarnos en la calle y mirarnos con la indiferencia de dos desconocidos. Eso es lo primero que pienso apenas Cundo Bermúdez sale a la puerta de su casa, en Miami, para recibirme, y nos fundimos en un fuerte abrazo. Pero mientras nos prodigamos frases de afecto y nos miramos directo a los ojos, de pie en el zaguán, antes de pasar a la sala donde vamos a conversar detenidamente, pienso todo lo contrario: nuestros rostros han incurrido en tantos cambios que, en efecto, no nos hubiéramos reconocido de habernos encontrado casualmente en la calle. Y sin embargo, pese a los ineludibles estragos del tiempo, me percato de que este Cundo Bermúdez que ahora contemplo es el mismo que vi en La Habana —¿hace cuántos años, treinta y seis? —, así que en el trayecto hasta la sala, reflexiono con indulgencia que los cambios no son tan ostensibles como creí al principio. Viste, acaso como entonces, una camisa de mangas cortas, un pantalón gris y cómodas sandalias de suela de goma; sí, lo compruebo: su modo de andar es el mismo de siempre, sus pasos son afelpados y todo su cuerpo se desplaza envuelto en un silencio que parece protegerlo. El escritor Raúl Aparicio, que lo conoció en su juventud, decía que a Cundo se le veía en las calles habaneras como «una cosa desvaída; desasido de todo lo terreno, ensoñando». Así lo recuerdo yo también. Me parece estarlo viendo en los momentos en que atravesaba la calle Galiano o ingresaba al Paseo del Prado, envuelto en un aura de indispensable silencio. Hoy como ayer, su persona siempre ha destilado timidez y silencio; porque toda su fuerza, toda su furia, parece haberlas reservado para pintar.

Al cabo de tantos años de no verlo, he decidido visitarlo después de recibir desde Puerto Rico una llamada telefónica de Vicente Báez, anunciándome el propósito de publicar un libro que refleje toda la extensa obra de Cundo Bermúdez. Para engatusarme, me comunica que el prólogo del libro lo iba a escribir otro amigo entrañable, Guillermo Cabrera Infante.[1] «¿Te animas a colaborar?», me preguntó; «Por supuesto», respondí sin pensarlo dos veces; aunque no mediara la amistad, hubiera aceptado con la misma alegría la invitación. Cundo Bermúdez es una figura legendaria: de todos los grandes maestros de la pintura cubana, surgidos en la década del 40, es el único que a sus incontables años permanece trabajando. Los demás han muerto: Víctor Manuel, Wifredo Lam, Carlos Enríquez, Amelia Peláez, René Portocarrero, Fidelio Ponce.

Ocupamos dos butacones situados frente a frente. Acciono la grabadora, que va recogiendo minuciosamente sus palabras. Lo escucho decir que en la vida lo que más miedo le provoca es llegar a olvidar algo: «Las cosas se me olvidan con gran facilidad», enfatiza. Me confiesa que la víspera de mi visita estuvo largo rato tratando recordar la figura de la madre de Amelia Peláez, doña Carmela; quien, por cierto —agrega— era la hermana menor del poeta Julián del Casal. Cuando al fin logró recordarla nítidamente, se sintió feliz. «Por eso pinto, porque es otra forma de atrapar el pasado».

JLF: ¿Cuándo empezaste a pintar?

CB: Yo pintaba desde niño. Todos los niños pintan bien hasta que se le acercan los mayores y les dicen cómo deben hacerlo; así se pierde el encanto inicial, ese rasgo de genialidad que existe en cada niño pintor. Pues bien, alrededor de los cinco años, yo empecé a pintar en unos papeles blancos que los chinos utilizaban en las lavanderías para envolver la ropa cuando la devolvían a sus clientes. Recuerdo que yo no pintaba sentado a una mesa sino en el suelo, en contacto directo con los mosaicos del piso. Las formas bellísimas de los mosaicos de los pisos cubanos quedaron grabados desde entonces en mi interior, en mi subconsciente; y más tarde, cuando ya era adulto, comenzaron a aflorar en mi pintura. Para mí, aquellos mosaicos eran un tesoro. Cuando encontraba abandonado en algún lugar un fragmento de mosaico lo recogía, lo limpiaba y lo guardaba; así que no es ilógico ni casual que las formas que me entregaron esos mosaicos, que tanto amé siendo niño, se convirtieran en elementos que fui incorporando a mi obra.

JLF: ¿Es cierto que en algún momento de tu vida deseaste ser escritor?

CB: Sí, y escribí algunos cuentos. Mi amor a la literatura nació cuando yo tenía unos diez años. Ocurrió que una familia que vivía cerca de nosotros, en la misma calle Delicias, donde yo nací, decidió irse a vivir a Nueva York y únicamente se quedó en Cuba el abuelo, Enrique Fuentes. Cuando la familia se fue, Enrique Fuentes se mudó para una casa de huéspedes, donde ocupaba una habitación tan pequeña que le era imposible disponer de un espacio para sus libros. Nos entregó su biblioteca con el compromiso de permitirle venir todas las tardes a leer en nuestra casa; así, gracias a su biblioteca, yo empecé a leer. Me leí todo Blasco Ibáñez, todo Máximo Gorki; en fin, cuanto libro había en la biblioteca de Enrique Fuentes. Cuando el escritor José Antonio Ramos, que era primo-hermano de mi padre, se enteró de mi interés por la lectura, me dijo: «Tú no puedes seguir leyendo en esa forma tan desordenada.» Me hizo una lista de autores y de libros;

que empezaba, me acuerdo, con las *Vidas Paralelas*, de Plutarco. Fue el propio José Antonio Ramos quien me presentó a Leopoldo Romañach y me aconsejó que ingresara en la Escuela de Pintura San Alejandro, a la que enseguida comencé a asistir como oyente.

Entregado al ejercicio de recordar, que tanto le fascina, Cundo me dice que la primera exposición de pintura en la que participó fue en 1937 junto a la escultora Carmen Herrera y el pintor Pedro Pablo Mantilla; pero su primera exposición personal se efectuó en el Lyceum Lawn Tennis Club de La Habana, en 1942, una fecha alrededor de la cual debe situarse el punto de partida del arte moderno en Cuba. Hasta entonces, en la Academia San Alejandro, donde han estudiado todos los grandes pintores cubanos, nunca se oyó mencionar el impresionismo, que en esos momentos dominaba la pintura en Francia; ni los alumnos escucharon resonar en sus aulas formadoras los nombres de Cézanne, Seurat, Gauguin y Van Gogh. ¿Hasta cuándo? Hasta que Víctor Manuel y Juan José Sicre viajaron al exterior y regresaron a Cuba con un mensaje plástico que era un grito contra la coyunda académica. Un año más tarde Amelia Peláez viajó a Francia, y regresó después de encontrar el camino que le indicaron Gris, Braque y Picasso. Mario Carreño recorrió Europa, México y Estados Unidos, y regresó en 1941, exhibiendo una técnica que le facilitaba abordar con maestría todos los temas posibles. Y Cundo Vermúdez viajó a México, de donde regresó, como ha dicho José Gómez Sicre, «con un sentido monumentalista de la pintura ocre que pronto fue nutriéndose de la luz cubana».

JLF: ¿Qué otras cosas has hecho en la vida además de pintar?

CB: La respuesta correcta sería decir que, salvo algunos momentos, en que tuve necesidad de ganarme la vida en otras actividades, no he hecho nada más que pintar. Algunos pintores de mi generación tuvieron una actitud diferente: buscaban el modo de conseguir una beca o de desempeñarse como profesores; pero procurándose, desde luego, un tiempo libre para pintar. Abela fue diplomático. Amelia Peláez y Carlos Enríquez pertenecían a familias adineradas. Fidelio Ponce y Víctor Manuel, en cambio, eran bohemios; eran los valientes, que se lanzaron a la calle para abrirle un mercado a la pintura cubana.

En marzo de 1943 tuvo lugar un evento de señalada importancia para la plástica cubana: por primera vez en la historia de los Estados Unidos, el Museo de Arte Moderno de Nueva York efectuó una exposición de pintores cubanos. La muestra, organizada y seleccionada por José Gómez Sicre, recogió alrededor de ochenta óleos, dibujos y acuarelas de Fidelio Ponce, Amelia Peláez, Carlos Enríquez, Mario Carreño y Cundo Bermúdez; quien estuvo representado por once obras, entre ellas *El balcón, Muchacha en túnica rosa*, y el famoso retrato que le hizo a María Luisa Gómez Mena. La crítica le fue especialmente favorable. Edwin Alden, del *New York Times*, escribió sobre *El balcón*: «Este cuadro demuestra que el color, impulsado hasta un tono abrasador, puede, cuando se controla bien, lograr resultados importantes.» Y con motivo de esa misma exposición, escribió Jewell poco después: «Podemos considerar la obra de Cundo Bermúdez como la más particularmente cubana.»

La presencia de Cundo en la generación del 40 fue también su salto a la inmortalidad. Durante la entrevista le recuerdo haber leído recientemente en un periódico que uno de sus cuadros de esa época había sido subastado en medio millón de dólares. «Sí, pero cuando lo pinté me pagaron por él doscientos pesos cubanos», comenta con una sonrisa. En aquellos tiempos, agrega, pintaba temas populares como *La barbería* y *El billar*, que eran cuadros muy figurativos, en los que modelaba mucho la figura. Después pudo haber variado el rumbo en busca de otras formas expresivas; pero para él —señala— lo fundamental ha sido siempre el ser humano. Nunca le interesó el arte abstracto, tampoco lo ha atraído pintar el movimiento; para su noción, las figuras en el cuadro deben estar quietas, por la misma razón que las personas que lo contemplan están, o deben de estar, en total estado de quietud. Por ese motivo, muchos críticos hablan de la influencia egipcia en su pintura; precisamente —dice— «por esa cosa estática que ven en mis cuadros, que tampoco tiene que ver nada con la serenidad, porque algo puede estar estático sin estar sereno, pienso yo.»

JLF: Tus amigos sabemos que siempre has tratado de alcanzar la paz interior. ¿Lo has logrado?

CB: Exteriormente yo doy la impresión de serenidad, de buscar la paz interior o de haberla conquistado; pero no es verdad en absoluto, yo soy meticuloso, matraquilloso. Por ejemplo, antes de salir a la calle, doy cuarenta vueltas en la casa como si hubiera olvidado algo y lo estuviera buscando; igual me pasa cuando voy a acostarme por la noche, todo lo quiero hacer a esa hora, y me dan las dos de la madrugada y todavía estoy despierto. Alguien me ha dicho que eso me ocurre porque nací el tres de septiembre, que en Cuba es el mes de los ciclones; y bajo el signo de Virgo, cuyos nativos, dicen los astrólogos, se cuentan entre los seres más quisquillosos del Zodíaco.

ALFONSO GROSSO

5grandes

Una férrea disciplina

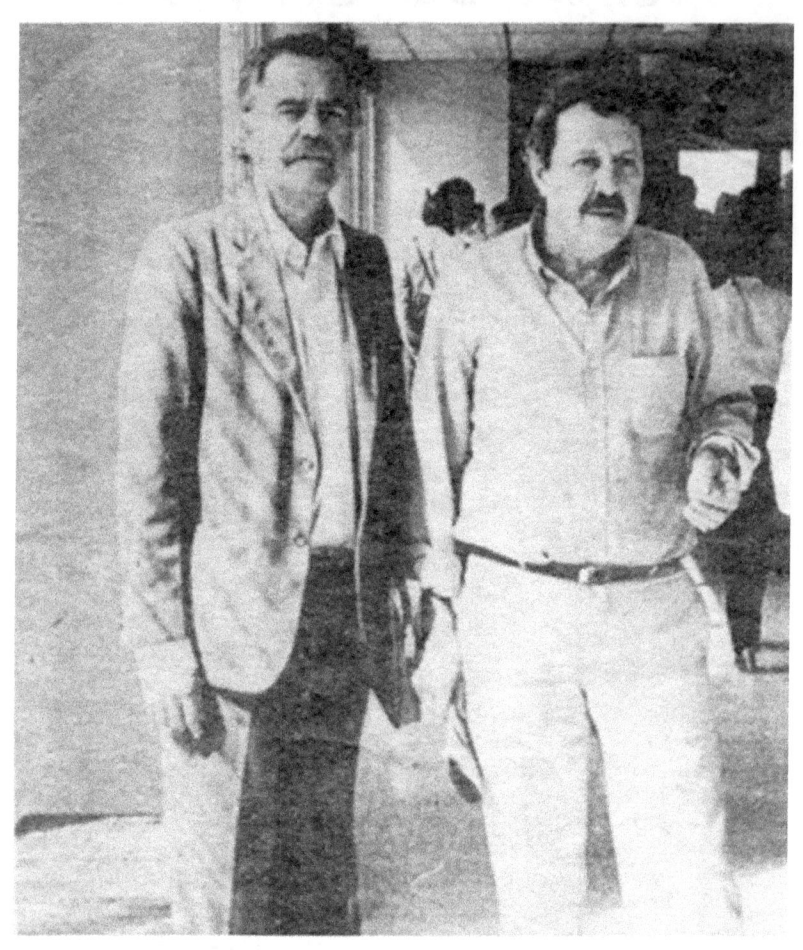

Alfonso Grosso y José Lorenzo Fuentes

Después de dieciocho años sin vernos, tropiezo con Alfonso Grosso en un rumoroso pasillo de fumadores y turistas del hotel Tritón, en La Habana. Como no estoy enterado de su presencia en Cuba, lo primero que pienso es en una aparición fantasmagórica en la niebla, como la de Hamlet en Elsinor. Pero enseguida lo encuentro demasiado vivo para creerlo un fantasma, y lo suficiente expresivo y cariñoso como para pensar que sigue siendo mi amigo. De manera que la charla se puebla de rememoraciones e inventarios, de preguntas que buscan recíprocamente la recuperación de imágenes desperdigadas en la precaria memoria; y también de interrogantes que surcan instantes más cercanos, de los que él o yo, cada cual en su espacio, hemos sido testigos sin la comunicación lógica de haber seguido en la vida hombre con hombre. Y mientras la entrevista se formaliza y brota su rápido modo de contestar ajeno a toda cautela, se nos une el escritor ecuatoriano Pedro Jorge Vera, que apenas unos meses atrás se encontró con Grosso en Madrid; y más tarde otro amigo, el fotógrafo cubano Chino Lope, personaje —lo recuerda Grosso con alegría— de su novela *Inés Just Coming*; donde el chino, en posesión de su cámara habanera y universal, no es solo el ojo que atrapa y eterniza la imagen, sino el filósofo grávido de sabiduría ancestral que el novelista español descubrió en su periplo caribeño de dieciocho años atrás.

Jalonado con el Premio de la Crítica en 1970[1] y con el Premio Alfaguara en 1972, con más de veinte novelas traducidas a casi todos los idiomas, resulta inútil acudir a la presentación

---

[1] El Premio de la Crítica se creó en el año 1956 y se concede a los mejores libros de narrativa y poesía publicados en España a lo largo del año anterior en las cuatro lenguas del Estado (castellano, catalán, euskera y gallego). *(N. del E.)*

de este inquieto andaluz que ha cautivado a millones de lectores en todas las latitudes y sensibilidades; que ahora me envuelve en un largo abrazo y luego se aleja con una sonrisa de niño grande y difícil, cuya fama solo obliga a la inmediata reproducción de preguntas y respuestas.

JLF: ¿Qué te movió a convertirte en escritor?

AG: Mis complejos, mis problemas infantiles, mis frustraciones de niño; eso es lo que me ha convertido en escritor. Un ser normal no es un escritor, es un ser normal; eso es cierto. Nosotros no somos totalmente normales, tenemos complejos infantiles, frustraciones, problemas familiares que nos han creado un mundo; y luego, cuando hemos llegado ser adultos, de alguna manera hemos justificado esa situación.

JLF: ¿Cuál es tu método de trabajo?

AG: De gran disciplina. Trabajo desde las ocho de la mañana hasta las doce o doce y media. A las doce y media bajo del estudio, almuerzo, me echo en la cama un rato, una hora o cosa así, y sigo trabajando hasta las ocho de la noche.

JLF: ¿Crees en la inspiración?

AG: Creí en la inspiración durante la adolescencia, pero a partir de los cuarenta años ya es el profesionalismo, no la inspiración.

JLF: ¿De todos tus libros cuál te ha dejado más satisfecho?

AG: Los diez primeros libros que escribí se han convertido en clásicos. A mí me gusta más, entre todos, *Guarnición de silla*, que recibió el Premio de la Crítica y que, sin embargo, de todos mis libros es el que menos ha sido traducido. Es un libro dificilísimo de traducir.

JLF: ¿En qué género te sientes más a gusto, en el cuento o en la novela?

AG: Me siento más a gusto en el cuento, es cierto, pero ya no me puedo permitir escribirlos; mi profesionalidad ha llegado a ese grado. Mi agente literario, Frederic, es una chica francesa que me encarga solo novelas. Y la venta de mis novelas ya es un problema de millones.

JLF: ¿Cuáles son los escritores de todas las épocas que más te interesan?

AG: Fundamentalmente, Cervantes; después, Valle Inclán. Y de la literatura inglesa, William Faulkner.

JLF: ¿Qué piensas de la literatura latinoamericana?

AG: La literatura latinoamericana ocupa el primer lugar en el mundo. Lo único que pasa es que hay un juego: por ejemplo, tú eres un gran escritor. Yo te admiro, yo sé que eres un gran escritor; y sin embargo, no ocupas el mismo lugar que otros. En el fondo es el juego, el terrible juego del dinero. Al ecuatoriano Pedro Jorge Vera, lo admiro como escritor; y claro, lo de Alejo Carpentier es fundamental, *El siglo de las luces* es la gran novela latinoamericana. Que no le hayan dado el Premio Nobel a mí me ha molestado; pero España le dio el Premio Cervantes, que por su seriedad ya empieza a ser más importante que el Premio Nobel.

JLF: ¿Cómo surgen los temas de tus novelas?

AG: La pregunta es casi para hacer un seminario: surgen manipulando la realidad con la imaginación; es lo que yo llamo el realismo en libertad. Y hablando de mis novelas de ahora, debo decir que aunque son escritas para muchos lectores y para ser leídas de un tirón, en todas ellas hay un compromiso de la defensa del pueblo... En la misma forma que defiendo la Revolución cubana. Amo a la Revolución cubana.

JLF: ¿Estás satisfecho con lo realizado hasta ahora?

AGL: Estoy lleno de presiones por el trabajo que tengo. Si no hubiera venido a Cuba no sé lo que hubiera pasado. Fíjate que han sido dos intentos de suicidio por mi parte. Es mucho escribir dos novelas al año, y los viajes y las conferencias, todo eso es excesivo. Pero yo vivo en una sociedad de consumo, y ahí están los problemas familiares; tener tres coches, chofer, dos casas, una en Madrid y otra en Sevilla. Hay que vender libros.

JLF: ¿Qué es lo que más amas en la vida?

AG: Amaba, fundamentalmente, hacer el amor, viajar, leer, escribir; ahora no sé realmente lo que amo. A lo mejor, la muerte. Hay un problema: quisiera creer en Dios, necesito creer en Dios, pero no puedo... No soy un creyente.

JLF: ¿Pero crees en el reino de este mundo como Carpentier?

AG: Creo en el reino de este mundo, pero ha habido problemas en mi vida; piensa que soy el único superviviente de una familia: mi padre, mi madre, mi hermana y mi hermano murieron en dos meses. Mi hermana con 17, mi hermano con 24, mi madre con 39, mi padre con 42. Eso no lo he olvidado, sigue siendo para mí un problema; por eso no me importa morir, siempre me pregunto por qué he sido yo el superviviente. No lo sé.

JLF: ¿Y qué esperas del futuro? ¿Cuál es tu mayor aspiración?

AG: Mi mayor aspiración es que en el mundo en que vivimos haya paz, que se terminen las guerras para siempre. Aparte de mi admiración por Fidel, pienso igual que él en ese sentido; la guerra es un disparate, una barbaridad. Estoy completamente en desacuerdo con la posibilidad de una guerra atómica; lo digo aquí y lo he dicho en Estados Unidos. Yo amo la paz. Con la guerra no queda nada: ni nuestros hijos, ni nuestros nietos, ni nuestros amigos, ni los países del desarrollo y los del subdesarrollo. Nada.

WIFREDO LAM

5grandes

París
sin dinero

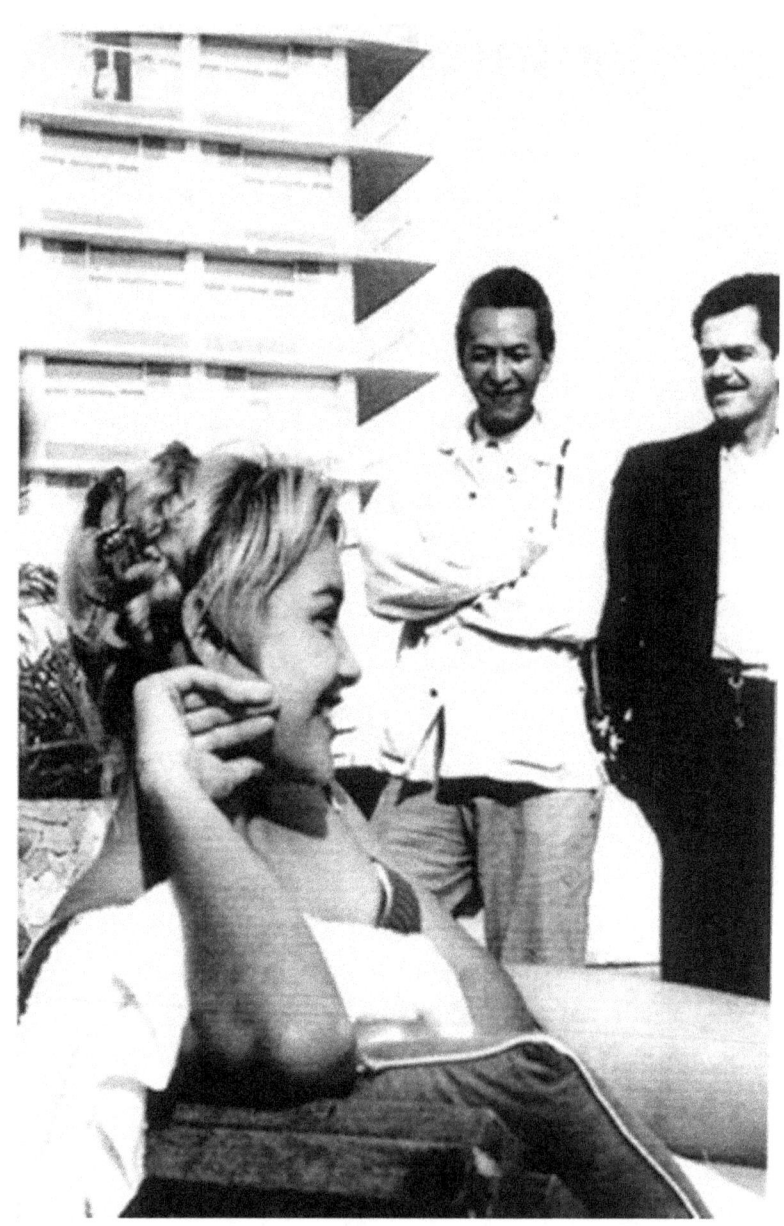

Wifredo Lam y José Lorenzo Fuentes, 1963.

—Llegué a París con muchas ilusiones pero sin dinero. Es lo que ocurre con frecuencia. Casi todo el mundo, quiero decir: los pintores y los escritores, los artistas bohemios, siempre llegan a París con los bolsillos vacíos —dijo Wifredo Lam y sonrió. La conversación se había iniciado en los alrededores de la piscina del hotel Riviera, en La Habana, adonde acudimos Samuel Feijóo y yo con distintos propósitos: Samuel para saludar a un viejo amigo, que llevaban años sin verse, y yo para intentar hacerle una entrevista que iba a publicar; ¿dónde?, no sabía a ciencia cierta en qué revista, pero mi olfato de periodista me decía que si lograba entrevistar a Lam no me iba a ser nada difícil, por supuesto, encontrar dónde situarla.

Aún era mediodía, bullía sobre nuestras cabezas un espléndido sol, una claridad ofuscadora que Samuel Feijóo aprovechaba para tomar las primeras fotos del encuentro. Pensé que si la buena suerte me acompañaba y lograba entrevistar a Lam, las fotos con las que Feijóo rescataba la escena podían servirme para dejar la indispensable constancia gráfica de aquel momento.

Era un mediodía de 1963. A esas alturas de su vida —tenía 61 años— ya Lam era famoso mundialmente; y según se comentaba, si no millonario, al menos sin duda atesoraba una buena suma de dinero en el banco. Cuando llegamos al hotel Riviera, Wifredo estaba reunido con tres amigos: Allan Jouffroy, editor de *L'Express*, el fotógrafo Leo Klatser y el escritor Roberto Fernández Retamar. Al cabo de un rato, cuando los tres amigos se despidieron, Wifredo se enfrentó con nosotros. Samuel lo abrazó y con familiaridad le dio varias palmadas en la espalda (¿o Lam a él, o los dos se reciprocaron las palmadas?) mientras yo los observaba en silencio, reflexionando si las preguntas que había anotado en un papel doblado en cuatro que llevaba en el bolsillo eran las más atinadas para cumplimentar la entrevista.

Fue entonces cuando Lam, sin que mediara una pregunta nuestra, empezó a hablar de su salida de Cuba, de su llegada a España y de sus primeros días en París. Lo oí decir muchas cosas, que el tiempo transcurrido no ha impedido que las tenga todavía —tantos años después— al alcance de la memoria. Dijo que abandonó Sagua la Grande, su pueblo natal, cuando sus sueños de llegar a ser un pintor importante lo hicieron ver en Europa la única oportunidad de alcanzar esa meta. «Mi primer encuentro con el mundo europeo fue en 1924, en España; país al que viajé para estudiar en la Academia San Fernando, de Madrid. Allí estudié bajo la dirección de Álvarez Sotomayor, un pintor académico que dirigía, además, el Museo del Prado, y que también fue profesor de Salvador Dalí.» Sin embargo, las mejores enseñanzas que recibió en España no provinieron de Álvarez Sotomayor, sino de su contacto directo con las obras de los grandes maestros en el Museo del Prado. De cuantas obras observó allí detenidamente, entre las que ejercieron sobre él una mayor atracción mencionó Lam las del Bosco, de Velásquez, de Brüeghel y de Goya. «Siempre pensé que España iba a ser para mí una breve etapa, porque mi destino final debía ser París. Ya se sabe que no ocurrió así. Y, por cierto, fue en España donde pude ver por primera vez, en 1936, una parte de la obra de Picasso.»

Mientras caminábamos alrededor de la piscina del hotel, Wifredo Lam continuaba hablando animadamente. Mencionó varias veces su llegada a París, «con los bolsillos vacíos», como enfatizaba. «No tuve más remedio que alojarme en una buhardilla de un hotel en el boulevard SaintMichel, donde pagaba cinco francos, una miseria de dinero por la habitación.» En cuanto organizó sus pertenencias, hizo un recorrido a pie hasta la casa donde vivía Picasso, en la Rue de la Boétie. Llevaba, casi como un talismán contra la mala suerte, una carta de presentación que, según sus cálculos, le permitiría trabar una rápida relación con el gran pintor. No resultó así. Aunque su visita ya estaba anunciada, en lugar de Picasso, se encontró únicamente con Marcel, su chofer, quien le dijo que el encuentro con Picasso debía efectuarse a las cuatro de la tarde en la galería MeauxArts. «Cuando al fin nos encontramos fue algo así como un amor a primera vista», dijo Wifredo Lam con una sonrisa. «Desde el primer momento Picasso me trató con gran familiaridad. Decía que los dos teníamos la misma sangre, que éramos como parientes. También me dijo que yo le recordaba a alguna persona, y más tarde me confesó que esa persona que yo le recordaba era a él mismo. Siempre le he buscado una explicación a esas palabras. Quizás sería, pienso yo, por la misma pasión que los dos desplegábamos en el trabajo.» Por supuesto, fue Picasso quien le abrió el camino en París. Recomendado por Picasso, pudo Lam efectuar en 1939 una exposición en la galería Loeb, a la que asistieron, entre otras personalidades, Marc Chagall, Le Corbusier y por supuesto Picasso.

—¿Cuándo regresaste a Cuba por primera vez? —pude preguntarle, interrumpiendo su charla.

—Dos años después, en 1941—respondió Lam. Por un lado, según él, fue un regreso triste, porque se encontró de nuevo con la miseria en la que vivían sus compatriotas. Pero también fue alegre, porque significó un reencuentro con la magia, con los adivinos, los santeros y los magos que le poblaron la imaginación desde los días de su niñez. «Yo siempre he dicho que soy materialista, pero en una ocasión un mago me dijo que una persona que vivía en el barrio del Cotorro me iba a comprar un cuadro. Yo me eché a reír, incrédulo. Pero a los pocos días el escritor Alejo Carpentier, que vivía precisamente en el Cotorro, me visitó para comprarme un cuadro. El mago no se equivocó. Por eso también he sido siempre muy tolerante con todas las creencias. Recuerdo que cuando yo iba a salir de Cuba rumbo a Europa, mi madrina Ma'Antoñica, me mandó buscar para hacerme una limpieza con yerbas y esas cosas, creo que con rompezaragüey y abrecamino, para que todo me saliera bien, y yo acepté convencido de que si no me hacía bien tampoco me haría mal. Y resultó que me hizo bien.» (A su regreso a París, en 1942, después de su breve estancia en Cuba, comenzó a pintar *La Jungla*, que concluyó en 1943; obra que, según la crítica del momento «combinaba el surrealismo y el cubismo con las formas y el espíritu del Caribe», y que, junto con el *Guernica* de Picasso figura entre las más renombradas del Surrealismo).

—Ustedes ya podrán imaginarse lo que es llegar a París sin dinero—dijo Lam, con el evidente propósito de retornar al único tema que esa tarde le parecía interesante abordar: su relación de entrañable amistad con Picasso. En efecto, siempre se ha dicho que a ningún otro pintor Picasso le tendió la mano con tanta generosidad como a Wifredo Lam. Y no solo porque desde el primer momento reconoció su genio, sino porque siempre acudió en su ayuda en instantes en que Lam mucho lo necesitaba. En una ocasión en que Picasso lo visitó, cayó en la cuenta de que Lam estaba escaso de dinero; con prontitud extrajo de uno de sus bolsillos su chequera, y le entregó un cheque por varios miles de francos. El cheque llevaba la firma del eximio pintor: Pablo Ruiz. Lam lo enmarcó, y lo colocó en la pared como si fuera una pintura de Picasso; no fue capaz de llevarlo al banco para traducirlo en dinero hasta que su situación económica empeoró aún más y se le hizo insoportable: o cambiaba el cheque o se moría de hambre. «Para mí, la firma de Picasso valía más que todo el dinero del mundo.»

Como me percaté que ya se hacía de noche y la conversación estaba llegando a su final, aproveché para decirle a Lam que quería hacerle una entrevista. «Una entrevista formal, sobre su vida y su obra», subrayé. Pensé que podía publicarla en *Bohemia*, la revista en la que entonces yo colaboraba con cuentos y reportajes.

—Claro que sí, con mucho gusto —me dijo Wifredo—. En cualquier oportunidad.

Esa posible oportunidad nunca se presentó.

Sobre el autor y su obra

Con *Viento de enero*, su primera novela, José Lorenzo Fuentes demostró magníficas condiciones de relatista. Varios libros de cuentos confirmaron su ubicación entre los grandes narradores de Nuestra América.

PEDRO JORGE VERA

Los ensayos de Lorenzo Fuentes son un modelo de crítica sagaz, profunda y emotiva.

ENRIQUE ANDERSON IMBERT

Lorenzo Fuentes está considerado como uno de los maestros del relato breve en Latinoamérica.

MANUEL DÍAZ MARTÍNEZ

José Lorenzo Fuentes es un verdadero maestro de la cuentística. No existe, en mi opinión, un escritor de la lengua hispana que sea capaz de crear una atmósfera tan absorbente en sus cuentos.

ALEX RAMÍREZ

Índice